LE
25ᵉ ANNIVERSAIRE

DE LA FONDATION

DE

L'ÉCOLE LIBRE DES SCIENCES POLITIQUES

(31 MAI 1896)

PARIS

27, RUE SAINT-GUILLAUME, 27

—

1896

LE
25ᴱ ANNIVERSAIRE

DE LA FONDATION

DE

L'ÉCOLE LIBRE DES SCIENCES POLITIQUES

TYPOGRAPHIE FIRMIN-DIDOT ET Cⁱᵉ. — MESNIL (EURE).

LE

25ᵉ ANNIVERSAIRE

DE LA FONDATION

DE

L'ÉCOLE LIBRE DES SCIENCES POLITIQUES

(31 MAI 1896)

PARIS

27, RUE SAINT-GUILLAUME, 27

1896

LE
25ᵉ ANNIVERSAIRE

DE LA FONDATION

DE

L'ÉCOLE LIBRE DES SCIENCES POLITIQUES

L'École libre des Sciences politiques avait pris le 31 mai un air de fête.

Deux massifs de verdure en garnissaient l'entrée. Le préau métamorphosé en parterre, les salles en salons, les couloirs en allées feuillues, s'ouvrant sur le jardin, formaient un ensemble gracieux et frais. Un soleil radieux animait ce décor printanier et semblait inviter les fidèles de la rue Saint-Guillaume à célébrer les noces d'argent de l'École et de son fondateur.

La Société des Anciens Élèves et Élèves avait mis tous ses soins à préparer, comme il convenait, cette solennité. Puissamment secondée par un Comité d'initiative (1) où se trouvaient représentés tous les éléments constitutifs de l'École, elle avait organisé une souscription et réuni les fonds nécessaires à la frappe d'une médaille commémorative, qui devint un chef-d'œuvre entre les mains de M. Roty.

Dans quelques mois, des reproductions de la médaille seront dis-

---

(1) Le Comité d'initiative comprenait MM. Aucoc et Hély d'Oissel, président et vice-président du Conseil d'administration de l'École ; Léon Say et Glasson, membres du comité de perfectionnement ; Sorel et Alix, professeurs ; D. Zolla, R. Pinot et Hulot, président, membre et secrétaire général de la Société des Anciens Élèves et Élèves.

tribuées à ceux qui ont répondu à cet appel ; elles serviront de lien entre eux et seront pour eux un souvenir du grand mouvement de sympathie auquel ils se sont associés.

Grâce à ce concours empressé de tous les amis de l'École, les organisateurs de la fête avaient pu orner les salles, disposer l'amphithéâtre pour une séance exceptionnelle, étendre les invitations et préparer un garden-party.

A deux heures et demie, les membres du bureau de la Société se présentaient chez Mme Boutmy et lui offraient, au nom de leurs camarades, une corbeille de fleurs, sur laquelle étaient inscrites ces deux dates : 1871-1896.

Qu'est devenue l'École dans l'intervalle de ces vingt-cinq années ? Quel chemin a-t-elle parcouru ; quels services a-t-elle rendus ? Quelle est, quelle sera sa mission ? — Les discours mettront bientôt tous ces points en lumière. Laissons l'amphithéâtre se remplir et jetons un coup d'œil sur l'aspect de la salle.

La chaire n'a pas été touchée. Elle garde son caractère : mais à la place occupée d'ordinaire par le professeur se dresse un buisson de plantes et de feuillage surmonté d'un trophée de drapeaux symbolisant la Patrie.

En face, au premier rang, M. Boutmy. A sa droite, les orateurs qui prendront successivement la parole : MM. Aucoc, président du Conseil d'administration, Sorel, doyen des Professeurs, Zolla, président de la Société des Anciens Élèves. A sa gauche, ses plus anciens collaborateurs. Derrière lui, à des places réservées, les membres du Conseil d'administration, du Comité de perfectionnement, le Corps enseignant et le bureau de la Société des Anciens Élèves.

A leur grand regret, M. Rambaud, ministre de l'Instruction publique, et M. Lebon, ministre des Colonies, qui appartiennent à l'École comme trois autres de leurs collègues, ont dû s'excuser et se soumettre aux exigences de leurs hautes fonctions. M. Lebon, que tant de liens rattachent à cette maison, avait eu la délicate attention d'adresser de Moulins à son ancien directeur l'expression de sa reconnaissance et de son regret.

Les anciens élèves, accourus de tous côtés en grand nombre, sont groupés derrière les places réservées et représentent dignement les promotions qui se sont succédé, rue Taranne, rue des Saints-Pères et rue Saint-Guillaume.

Ce sont des diplomates, des députés, des préfets, des directeurs de ministères, des inspecteurs des finances, des membres du Conseil d'État, de la cour de Cassation, de l'administration centrale et départementale, etc. Plusieurs, parmi les plus anciens, occupent des positions considérables, d'autres plus jeunes ont déjà débuté dans la vie publique; d'autres encore soutiennent le bon renom de l'École dans les carrières libérales, dans les grandes associations et dans les vastes entreprises issues de l'initiative privée.

La variété des occupations et la diversité des vues n'excluent pas ici un vivace esprit de corps. Un lien confraternel unit entre elles toutes ces promotions d'hommes faits et de jeunes gens qu'attire autour du chef respecté le même sentiment de reconnaissance.

Sur les bancs les plus élevés de l'amphithéâtre s'est massée la jeunesse laborieuse, entrée de son plein gré dans cette École libre pour y puiser les connaissances qui font le citoyen éclairé, le fonctionnaire utile, parfois l'homme d'État.

Au lendemain de nos désastres, M. Boutmy songeait à créer une élite capable de donner le ton à la nation. « Refaire une tête de peuple, écrivait-il à son ami Ernest Vinet, tout nous ramène à cela. » Et il ajoutait : « Je voudrais tenter de répandre, de rendre plus accessible en France la *culture libérale supérieure*. » M. Boutmy peut être satisfait. Le rêve s'est réalisé avec tant de bonheur; le plan, déjà si net dans son esprit, a été suivi avec tant de justesse que le succès a dépassé les espérances les plus optimistes.

Aux quelques milliers de francs mis dès l'origine à la disposition du fondateur, par Mᵐᵉ Benoit Fould, M. Émile de Girardin et M. Arlès Dufour, vinrent s'ajouter d'autres ressources que MM. Édouard André, de Champlouis et Jacques Siegfried contribuèrent à recueillir. Celui-ci eut l'ingénieuse idée de constituer le capital de l'École au moyen d'une société par actions et prit à cœur de faire réussir cette combinaison.

D'autres diront avec une autorité qui nous fait défaut quels furent les conseillers, les collaborateurs et les amis de la première heure, ceux qui répondirent à l'appel du fondateur.

La jeunesse française comprit bientôt l'importance des services qu'une telle institution pouvait rendre. La jeunesse étrangère fut tentée à son tour par l'enseignement nouveau, et vint suivre les cours de l'École.

Ces élèves étrangers, qui apprennent ici à connaître la France et qui contribuent à la faire aimer au dehors, ont répondu avec empressement à l'invitation de leurs camarades. Les lettres, les télégrammes de ceux qui n'ont pu s'y rendre prouvent à quel point ils se souviennent de l'École. Ces marques de sympathie, venues d'Amérique, d'Asie et de la plupart des pays d'Europe, prendront place dans les archives de la Société des Anciens Élèves, à côté des témoignages d'affection de nos compatriotes absents.

Mais revenons à la séance. Tous les bancs de l'amphithéâtre sont remplis. L'orateur qui, du pied de la chaire, verra se dérouler, au delà des premiers rangs, toute une phalange d'hommes jeunes et de jeunes gens, aura l'impression que l'École vivante est là.

Sur les côtés, les femmes des professeurs, les mères et les sœurs des élèves occupent les places qui leur ont été réservées.

A trois heures et demie, M. Aucoc, qui va parler au nom du Conseil d'administration et du Comité de perfectionnement, ouvre la série des discours au milieu d'un silence attentif (1).

(1) Le Conseil d'administration et le Comité de perfectionnement ont été constitués, pour l'année 1895-96, de la façon suivante :

Conseil d'administration : MM. Aucoc, de l'Institut, président du Conseil d'administration du chemin de fer du Midi, *président du Conseil* ; Hély d'Oissel, vice-président ; E. Boutmy, de l'Institut, *directeur de l'École* ; Alfred André, régent de la Banque de France ; Aynard, député, président de la Chambre de Commerce de Lyon ; Casimir-Périer, ancien président de la République française ; comte Chaptal ; Gridet, maître des requêtes honoraire au Conseil d'État, vice-président du conseil d'administration du chemin de fer du Nord ; Jules Guichard, sénateur, président du conseil d'administration de la Cie du canal de Suez ; Georges Picot, de l'Institut ; comte de Ségur, administrateurs du chemin de fer d'Orléans ; Jacques Siegfried, banquier ; C. de Varigny. — *Commissaire* : M. Louis Muller, industriel.

Comité de perfectionnement : MM. Barthélemy Saint-Hilaire, de l'Institut, sénateur, ancien ministre ; Boulanger, sénateur, premier président de la Cour des Comptes ; Cambon, gouverneur général de l'Algérie ; comte de Chambrun, fondateur d'une chaire à l'École ; Clavery, ministre plénipotentiaire ; baron de Courcel, sénateur, ambassadeur de France à Londres ; Flourens, député, ancien ministre, professeur honoraire de l'École ; Glasson, de l'Institut, professeur à la Faculté de Droit, professeur honoraire de l'École ; S. Goldschmidt, fondateur d'une chaire à l'École ; Hanotaux, ministre des Affaires étrangères ; Janet, de l'Institut, professeur honoraire de l'École ; Laferrière, vice-président du Conseil d'État ; P. Leroy-Beaulieu, de l'Institut, professeur honoraire de l'École ; Machart, inspecteur général des finances, professeur honoraire de l'École ; Magnin, vice-président du Sénat, gouverneur de la Banque de France ; Marquès di Braga, conseiller d'État ; Nisard, directeur des affaires politiques et du contentieux au ministère des Affaires étrangères ; A. Ribot, député, président du Conseil des ministres, professeur honoraire de l'École ; Léon Say, de l'Académie française, député, ancien ministre, professeur honoraire de l'École ;

Il appartenait au président du Conseil d'administration de rappeler les origines de la fondation, de témoigner des services rendus par les hommes dévoués que la mort a enlevés à l'École, de retracer les progrès accomplis d'année en année.

M. Aucoc s'est acquitté de cette tâche avec une justesse de ton et une élévation de sentiments auxquels tout le monde a rendu hommage. Sa péroraison a été saluée par d'unanimes applaudissements.

Après M. Aucoc, M. Sorel prend la parole au nom des professeurs (1).

Les applaudissements qui ont souligné presque toutes les phrases

Ch. Tranchant, ancien conseiller d'État; Vallon, administrateur du chemin de fer du Nord.

(1) Le corps enseignant se compose de MM. Levasseur, de l'Institut; Albert Sorel, de l'Académie française et de l'Académie des Sciences morales et politiques; H. Gaidoz, directeur à l'École des Hautes Études; Lyon-Caen, de l'Institut, professeur à la Faculté de Droit; Renault, professeur à la Faculté de Droit; Funck Brentano; Commandant Leblond, professeur à l'École supérieure de guerre; Anatole Leroy-Beaulieu, de l'Institut; Albert Vandal; Rambaud, ministre de l'Instruction publique; Raymond Koechlin; Jules Dietz; André Lebon, député, ministre des Colonies; Charles Benoist; J. Flach, professeur au Collège de France; Levy Bruhl, professeur agrégé de l'Université; Gabriel Alix; Le Vavasseur de Précourt, maître des requêtes honoraire au Conseil d'État, administrateur du chemin de fer de Lyon; Romieu, maître des requêtes au Conseil d'État, commissaire du Gouvernement; Cheysson, inspecteur général des Ponts et Chaussées, professeur d'économie politique à l'École nationale supérieure des Mines; Dunoyer, ancien conseiller d'État; De Foville de l'Institut, directeur de l'Administration des Monnaies et Médailles, professeur honoraire au Conservatoire des Arts et Métiers; René Stourm, ancien inspecteur des Finances et ancien administrateur des Contributions indirectes; Aug. Arnauné, directeur au ministère des Finances; Raphaël-Georges Lévy, banquier; De Colonjon, directeur de l'enregistrement et du timbre du département de la Seine; Jules Fleury, vice-président de la Société des Ingénieurs civils; boulatger, conseiller référendaire à la Cour des Comptes; Plaffain, inspecteur des finances; Courtin, inspecteur des finances; Georges Paulet, chef de bureau au ministère du Commerce et de l'Industrie; Silvestre, ancien directeur des affaires civiles au Tonkin; Houdas, professeur à l'École des langues orientales vivantes; Henri Cordier, professeur à l'École des langues orientales vivantes; Wilhelm, chef du service du Contentieux de la Marine; Paul Pelet, membre du Conseil supérieur des Colonies; Christian Schefer; Cart, professeur au lycée Henri IV; Morel, professeur au lycée Louis-le-Grand; Louis Léger, professeur au Collège de France.

Maîtres de conférences : MM. Caillaux, Picot, Bertrand, inspecteurs des finances; Tardieu, Chapsal, auditeurs au Conseil d'État; Marcé, auditeur à la Cour des Comptes; M. Caudel; Ch. Dupuis; Robert Pinot, directeur du Musée social; Zolla, professeur à l'École nationale d'agriculture de Grignon.

Secrétaire général : M. Charles Dupuis. — Secrétaire adjoint : M. Achille Vialate. — Bibliothécaire : M. Maurice Caudel.

de son magnifique discours ont dû prouver à l'orateur que les cœurs battaient à l'unisson du sien. Cette page sur l'enseignement de l'École restera gravée dans la mémoire de tous ceux qui l'ont entendue. M. Sorel nous a élevés un instant au-dessus de nous-mêmes, par la profondeur des vues, par la grandeur et l'intérêt de ces perspectives soudainement ouvertes, de ces images tracées en quelques coups de crayon et qu'on n'oublie plus, par cette vision de la Patrie qui occupait constamment les derniers plans de l'horizon.

Le doyen de nos professeurs a frappé là comme une seconde médaille non moins admirable que celle du sculpteur.

La Société des Anciens Élèves, qui avait revendiqué l'honneur d'organiser les fêtes du vingt-cinquième anniversaire de la fondation de l'École, tenait, elle aussi, à porter son tribut à M. Boutmy. En confiant à M. D. Zolla la mission de représenter tous ceux qui ont passé sur ces bancs, elle était assurée qu'il se ferait leur fidèle interprète (1).

M. D. Zolla, qui occupe un rang distingué dans l'enseignement et dans la presse, avait qualité pour parler des sciences enseignées à l'École. Il l'a fait en admirateur des sentiments élevés qui animent cette institution libre et de l'esprit qui l'inspire. Président de la Société, il a su exprimer avec autant de simplicité que de délicatesse l'attachement des élèves à leurs maîtres.

Aux acclamations de tous, il remet au directeur de l'École un écrin dans lequel sont posées les deux faces de la médaille commémorative.

D'un côté, se détache le profil de M. Boutmy. C'est merveille de voir avec quel talent le grand artiste a réussi à fixer les traits, à saisir le regard, à marquer le caractère, enfin à découvrir et à révéler l'homme même, tel que nous le connaissons, tel que nous l'aimons, nous qui avons vu grandir l'École entre ses mains.

De l'autre côté, apparaît la Patrie, sous les traits d'une jeune femme pleine de grâce et de majesté. D'une main elle tient le drapeau de la France appuyé contre sa poitrine, et de l'autre, elle dépose une palme sur la chaire de l'École, qu'elle domine de toute sa taille. En regard, cette inscription, qui répond exactement à la pensée du maître comme à celle de l'artiste :

---

(1) Le Bureau de la Société des Anciens Élèves et Élèves se compose de MM. D. Zolla, président, Lacroix, trésorier, Hulot, secrétaire général ; Cheradame, P. Ernest-Picard, Masure, Sauvalle, vice-présidents ; de Carbonnel, Chassériau, Jouarre, La Chèvre, secrétaires.

...magnifique discours ont dû prouver à l'orateur que les cœurs
battaient à l'unisson du sien. Cette page sur l'enseignement de l'É-
... restera gravée dans la mémoire de tous ceux qui l'ont entendue.
M. Noël nous a charmés un instant au-dessus de nous-mêmes, par
la grandeur des vues, par la grandeur et l'intérêt de ces perspectives
soudainement ouvertes, de ces images tracées en quelques coups de
crayon et qu'on n'oublie plus, par cette vision de la Patrie qui occupait constamment les derniers plans de l'horizon.

Le doyen de nos professeurs a frappé là comme une seconde médaille non moins admirable que celle du sculpteur.

La Société des Anciens Élèves, qui avait revendiqué l'honneur d'organiser les fêtes du vingt-cinquième anniversaire de la fondation de
l'École, tenait, elle aussi, à porter son tribut à M. Bontemps. En confiant à M. D. Colin la mission de représenter tous ceux qui ont passé
sur ses bancs, elle était assurée qu'il en serait leur fidèle interprète [1].

M. D. Colin, qui occupe un rang distingué dans l'enseignement et
[illegible]

[illegible — several heavily faded lines]

[1] Le bureau de la Société des Anciens Élèves et Élèves se compose de MM.
[illegible], président, [illegible], trésorier, Huin, secrétaire général, [illegible],
[illegible] Picard, Manon, Servais, vice-présidents, [illegible], [illegible],
[illegible], Le Clerc, secrétaires.

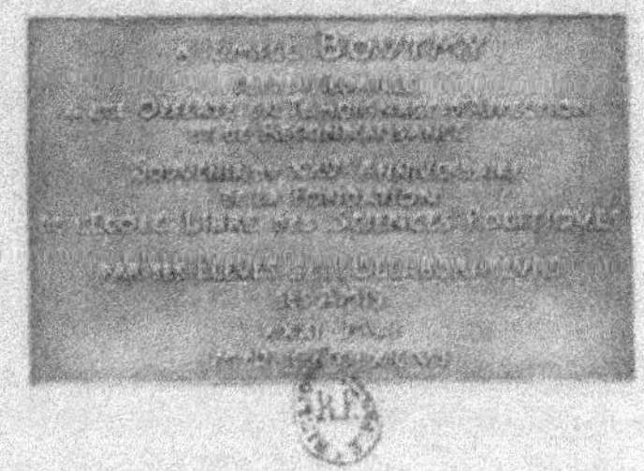

« *Scholæ in luctu publico spe indomita conditæ virorum civiumque nutrici patria memor.* »

Sur l'écrin, qui renferme ce chef-d'œuvre, une plaque, que M. Roty a voulu graver lui-même, contient cette dédicace :

A ÉMILE BOUTMY

CETTE MÉDAILLE

A ÉTÉ OFFERTE EN TÉMOIGNAGE D'AFFECTION

ET DE RECONNAISSANCE.

SOUVENIR DU XXVe ANNIVERSAIRE

DE LA FONDATION

DE L'ÉCOLE LIBRE DES SCIENCES POLITIQUES

PAR SES ÉLÈVES, SES COLLABORATEURS,

SES AMIS

· XXXI MAI

M. D. CCC-XCVI

Au moment de la remise de la médaille, un même souffle, un même sentiment anime toute l'assistance. Pour la première fois depuis qu'elle existe, l'École, personnifiée par tous ceux qui sont ses représentants naturels, se saisit dans le souvenir de son passé, dans la conscience de sa force et de son avenir. Elle se serre avec joie autour de l'homme modeste qui ne peut se soustraire à la manifestation dont il est l'objet.

Visiblement ému de ce mouvement spontané, M. Boutmy se lève et répond aux discours qu'on vient d'applaudir.

Un instant, on a pu se demander si le directeur de l'École, dominé par l'émotion, pourrait continuer son discours. Par un effort de volonté, il réussit à se reprendre, sa voix s'affermit et nous subissons le charme de cette parole sincère qui, dédaigneuse des effets oratoires, n'entend servir que la pensée. M. Boutmy parle comme il vit. Pour lui, il est vrai de dire ; le style c'est l'homme. C'est l'homme qui s'offre à nous avec ses qualités maîtresses : son esprit si délié et si fin, son caractère si droit, son jugement si sûr, son cœur qui se dévoue à la jeunesse. Avec une délicatesse mêlée de scrupules, il reporte sur ses collaborateurs les éloges qui lui sont décernés; puis, il esquisse en trois traits les caractéristiques de l'œuvre, celles qui la distinguent entre toutes et auxquelles est dû son éclatant succès.

Cette séance, qui prendra place dans les fastes de l'École, se termine par une longue ovation.

L'assistance, guidée par des élèves qui remplissent avec bonne grâce les fonctions de commissaires, peut maintenant, au gré de sa fantaisie, se répandre dans les salles, dans la bibliothèque et dans le jardin.

Sur la pelouse, où une estrade est dressée, une troupe de Tziganes joue les airs les plus variés de son répertoire.

Le temps nous sert à souhait et le cadre de verdure qui nous environne fait songer, comme on l'a dit, à un paysage de Watteau. Dans l'allée qui tourne autour de la pelouse se croisent des maîtres de la science, des hommes politiques, des jeunes gens distingués, bientôt leurs émules, des dames élégantes. C'est comme un salon en plein air, où tout ce monde prend plaisir à se retrouver.

Vers six heures, un bal s'improvise, l'orchestre joue des valses, et les couples tournoient jusqu'à la venue de la nuit.

Tandis que la journée s'achève, une pensée nous pénètre. Nous songeons aux événements, dont les discours que nous venons d'entendre ravivent en nous le souvenir. Et l'imagination nous transporte à l'époque où l'École naissait si humble, si incertaine encore de son avenir.

La graine que le semeur jetait, il y a vingt-cinq ans, sur le sol de la Patrie, est un arbre aux puissantes ramures, dont l'essence se développe en France et se propage à l'étranger.

« Ainsi le vent emporte les semences; elles germent où le vent les porte; mais il n'est de graines fécondes que du tronc robuste et de la branche saine. »

HULOT,
Secrétaire Général
de la Société des Anciens Élèves et Élèves.

DISCOURS

DISCOURS DE M. AUCOC

Messieurs,

C'est avec une joie profonde que nous célébrons le vingt-cinquième anniversaire de la fondation de l'École libre des sciences politiques.

Cette fête de famille, dans laquelle tant d'hommes considérables appartenant au Parlement, aux grands corps de l'État, aux administrations publiques, aux établissements d'enseignement supérieur, qui siègent dans les conseils de l'École, professent dans ses chaires, ou se souviennent avec reconnaissance de ses leçons, viennent se réunir à la jeunesse laborieuse qui se prépare à leur donner son concours et à les remplacer plus tard, proclame le succès éclatant d'une œuvre aussi difficile qu'elle était utile. Elle nous permet d'apporter un hommage digne de son mérite à notre éminent directeur, M. Boutmy, qui, par une initiative à la fois hardie et prudente, une sagacité toujours en éveil, une persévérance infatigable, l'impartialité scientifique dont il a marqué son œuvre, la passion du progrès qui l'a poussé à la perfectionner sans cesse, l'art de choisir et de grouper les hommes, l'intelligence et l'amour de la jeunesse, a été le principal auteur de ce succès.

L'École libre des Sciences politiques donne des enseignements précieux à ceux qui se pressent autour de ses chaires. L'histoire de la fondation de l'École et de ses développements offre des enseignements qui n'ont pas moins de prix.

Il faudrait la lire, cette histoire, dans la collection des

rapports de M. Boutmy au Conseil d'administration et au Comité de perfectionnement. Je n'en veux détacher aujourd'hui que deux fragments, rappeler les débuts et constater les résultats acquis. Quel contraste saisissant !

« Le 10 janvier 1872, c'est lui qui parle, lorsque s'ouvraient les premiers cours, notre société n'était pas constituée et à peine une cinquantaine d'actions étaient-elles souscrites. Nos seules ressources étaient quelques milliers de francs recueillis par le Directeur de l'École sous la forme de dotation de chaires et quelques avances faites généreusement par le Comité de fondation. Que de difficultés alors, que d'ombres sur notre chemin ! Une indigence de moyens extraordinaire, une administration dont il avait fallu forcer la main, des bureaux prêts à prendre ombrage au moindre écart, une loi qui permettait de nous supprimer d'un jour à l'autre d'un trait de plume, un public à la fois curieux et défiant, les uns disant : « Vous n'échapperez pas à l'esprit de parti », les autres nous raillant d'entreprendre, avec de si faibles moyens, une œuvre que la toute-puissance de l'État n'avait pas réussi à faire vivre. Ajoutez enfin notre inexpérience, source d'incertitudes et d'hésitations sans nombre en ce domaine inexploré des sciences politiques. Pour lutter contre ces obstacles, nous n'avions que la justesse de notre idée générale, une conviction profonde, une grande ardeur de sacrifice, un immense besoin d'espérer comme on le rencontrait partout alors au lendemain de nos désastres, le sentiment que la France appauvrie n'en serait que plus généreuse envers les fondations destinées à reconstituer sa richesse morale et intellectuelle. On commença donc humblement d'abord et bien à l'aventure. »

Voilà, Messieurs, le point de départ. Ces patriotiques espérances n'ont pas été déçues, cette soif de dévouement a été récompensée. En face de ces cinq cours primitifs faits dans une salle louée à l'heure et qui avaient attiré quatre-vingt-neuf auditeurs, placez nos cinquante cours et conférences si savamment combinés, nos quatre cents élèves français et étrangers, installés, avec notre riche bibliothèque, dans ce vaste hôtel où déjà la place fait défaut. Rappelez-vous que plus de sept mille jeunes gens ont passé sur les bancs de l'École, comptez, pour ne prendre que les résultats les plus apparents, ceux qui ont réussi dans les concours du Conseil d'État, de la cour des Comptes, de l'Inspection des finances, du ministère des Affaires étrangères ; comptez encore ceux qui sont devenus ministres. Rappelez-vous que l'Académie des sciences morales et politiques a tenu à honorer l'École en appelant son fondateur à siéger parmi ses membres. Ajoutez que l'École a servi de modèle à plusieurs institutions semblables établies à l'étranger, et dites si nous n'avons pas raison de nous féliciter de la place qu'elle a conquise dans le monde et si nous n'avons pas raison de fêter, comme nous le faisons aujourd'hui, son éminent directeur.

Mais, Messieurs, après avoir signalé ce succès, il faut en signaler les causes.

Nous n'avons pas, d'ailleurs, à les chercher bien loin. Si l'École a réussi, c'est qu'elle répondait à un besoin vivement senti depuis longtemps et qui ne trouvait nulle part satisfaction ; c'est qu'on a employé, pour satisfaire ce besoin, les moyens qui permettaient le mieux d'atteindre le but.

On a peine à comprendre que, dans un pays où les enseignements spéciaux sont si multipliés, l'enseignement des sciences qui se rattachent à la gestion des affaires publiques ait été si longtemps négligé. Laisser se former par la pratique, ou par des études individuelles, dont une élite très limitée est seule capable, ceux qui touchent aux affaires du pays, qui les règlent ou qui en parlent, n'était-ce pas risquer de les voir confier trop souvent à des mains incapables ? Un

effort avait été fait en 1848 pour organiser cet enseignement
en vue de former des fonctionnaires publics éclairés. L'École
nationale d'administration, fondée le 8 mars 1848 à l'image
de l'École polytechnique et que je ne puis pas oublier puis-
que j'étais au nombre de ses élèves, a été supprimée l'année
suivante. Son fondateur, M. Hippolyte Carnot, a essayé vai-
nement après 1870 de la faire rétablir. Tous les gouverne-
ments, quels que fussent leur origine et leur caractère, ont
paru penser qu'une École fermée donnant, par les concours
d'entrée et de sortie, une sorte de droit à obtenir des fonctions
touchant à la politique serait pour eux une source d'embarras.
Aussi bien l'enseignement ainsi limité ne suffirait pas pour
éclairer ceux qui prétendent à représenter ou à diriger l'opi-
nion publique dans le Parlement, dans les corps électifs ou
dans la presse.

L'École libre des Sciences politiques, organisée dans des
vues plus larges, ajoutant son enseignement spécial aux
enseignements généraux, a pu répondre au double but qu'il
fallait atteindre et rendre à l'État lui-même, sans dépendre
de lui, le service de préparer des fonctionnaires en le lais-
sant libre de les choisir après avoir constaté leurs mérites
comme il l'entend. Elle prépare surtout des esprits droits,
éclairés, capables de bien voir et de bien juger.

Ce n'est pas devant vous, Messieurs, qu'il conviendrait
d'insister sur les moyens d'action qui ont amené l'enseignement de l'École à cette solidité, à cette variété, à cet éclat
dont ses élèves emportent précieusement le souvenir et mon-
trent si bien les fruits.

Il semble que les combinaisons possibles aient été épuisées,
et cependant je suis assuré qu'il s'en produira encore de
nouvelles. Toutes les matières qui peuvent intéresser nos
élèves sont traitées, avec les ressources abondantes que four-
nissent aujourd'hui l'histoire et la législation comparée, d'a-

bord dans des cours d'un caractère scientifique, les uns permanents, les autres temporaires, puis dans des conférences où les détails de la pratique sont approfondis par le maitre, enfin dans des conférences d'application où les élèves s'exercent à traiter eux-mêmes des questions sous la direction du maitre. Les groupes de travail, formés surtout d'anciens élèves, produisent encore d'excellentes études, publiées dans les *Annales de l'École*, qui font ressortir toute la valeur de l'enseignement.

Mais, Messieurs, M. Boutmy ne me pardonnerait pas si, en lui rendant la justice et l'hommage qu'il mérite, je ne rendais pas justice aussi à ses collaborateurs.

Puis-je oublier parmi les fondateurs de l'œuvre, parmi ceux qui l'ont appuyée à ses débuts, qui ont contribué à l'accréditer, son illustre ami Taine, parmi ceux qui l'ont organisée et administrée avec tant de dévouement et de désintéressement, M. Édouard André, M. Nau de Champlouis, M. Bethmont, M. Beaussire, M. Adolphe d'Eichthal, M. Alfred André? Je ne parle que de ceux qui ont disparu, et j'omets plusieurs de ceux qui ont rendu les plus grands services.

Puis-je ne pas rappeler, parmi les membres du Comité de perfectionnement et M. Vuitry l'ancien président du Conseil d'État, et M. Hippolyte Carnot, et M. Barthélemy Saint-Hilaire et M. Léon Say dont nous déplorons la perte récente.

Le concours de ces hommes considérables, de ceux qui ont siégé à côté d'eux ou qui les ont remplacés a été pour l'École un élément puissant de force et d'autorité.

Quelle autorité et quelle force n'y ont pas ajoutées les professeurs dont les leçons ont fait si rapidement la haute réputation de l'École! Un certain nombre d'entre eux ont apporté un talent et une expérience déjà éprouvée. D'autres, et c'est un trait distinctif de l'École, un de ceux par lesquels

elle a pu être le plus utile, étaient des publicistes ou des fonctionnaires déjà distingués que rien n'avait préparés à l'enseignement, mais dont le talent éclatant s'est révélé aussitôt que l'occasion leur a été offerte d'exposer les théories et l'histoire en y mêlant les souvenirs de leurs travaux pratiques. Malgré la loi que je me suis imposée de ne pas parler des vivants, puis-je ne pas signaler comme une parure de l'École les noms de M. Sorel et de M. Paul Leroy-Beaulieu dont les cours ont commencé au moment de la fondation? Voilà notre école, Messieurs.

Au nom du Conseil d'administration et du Comité de perfectionnement, j'apporte à notre cher et éminent directeur, M. Boutmy, l'hommage de nos cordiales et affectueuses félicitations et de notre profonde gratitude.

DISCOURS DE M. SOREL

Mon cher Directeur,

Je dois à ma qualité de doyen l'honneur et la joie de porter la parole en cette belle solennité des noces d'argent de l'École. Nous les célébrons dans cette demeure, construite par vous, au milieu des générations d'élèves formées par vous. Vous vivez en votre œuvre; elle est vivante autour de vous; chaque année, qui nous courbe un peu plus sur notre tâche, la rajeunit au contraire et lui apporte un sang plus frais. Elle ne périra pas; elle sera notre témoin, elle sera surtout le vôtre; et le premier sentiment qui me presse aujourd'hui, c'est de vous dire à quel point, nous, vos collaborateurs, nous demeurons vos obligés.

A l'heure où toutes les bonnes volontés cherchaient leur emploi et risquaient de s'égarer en tentatives isolées, vous nous avez devinés, trouvés, appelés de toutes parts. A plusieurs vous avez révélé leur véritable vocation, à d'autres vous avez ouvert une voie nouvelle; si quelques-uns, dont je suis, vous doivent d'être devenus ce qu'ils sont, il n'en est aucun parmi nous qui puisse dire que, sans vous, il serait devenu tout ce qu'il est. Sans l'École, une part de nous-mêmes, la meilleure peut-être et la plus intimement dévouée au pays, serait restée stérile.

Vous avez été frappé de ce qu'il y avait de vain dans l'enseignement oratoire, de desséchant dans l'enseignement livresque et d'engourdissant pour l'esprit dans l'enseignement dogmatique et déductif, leçons mornes de choses mortes. On n'enseigne bien, c'est-à-dire on n'exprime de soi-même et on ne transmet aux autres en paroles animées que les pensées directement recueillies de la vie, les choses vues et éprouvées, les préceptes tirés de l'expérience des faits. Je ne veux point médire de l'enseignement que l'on distribuait dans ma jeunesse : j'ai rencontré, après le collège où j'avais eu des éducateurs parfaits et qui ne seront pas dépassés, j'ai rencontré, dis-je, des maîtres, — un entr'autres : Quicherat, à qui je demandais des notions sur l'art du moyen âge et qui m'a révélé la grande méthode d'exposition historique, montré comment on suit le développement de la pensée et de la vie humaine à travers les monuments de l'humanité. J'entrevoyais dès lors une étude des choses sociales qui ne serait point un manuel de géométrie politique, aussi différent de la vie que la libre course le long des grèves, dans les forêts, la montée vers les sommets où se découvrent les grands horizons, et ces conversations à l'infini où l'homme se donne la joie de penser, en même temps qu'il éprouve la joie de vivre, dans le grand air, — différent de la promenade du collège, à pas comptés, trois à trois, sous l'œil du maître, monotone et assujettie, traversant, le long des mêmes rues, la foule des hommes qui passent, travaillent, souffrent et que l'on ne connaît pas.

Quelle surprise et quel intérêt lorsque j'entendais un banquier parler de finances, un commerçant de protection et de libre échange, un avocat traiter une question de droit, un ingénieur expliquer ses constructions, un diplomate raconter les négociations et les hommes! Je sortais des formules, je voyais la vie humaine, le travail humain, la lutte intelligente, je comprenais, je me sentais vivre moi-même, et m'échappant de la cage des programmes, je devinais la réalité au delà de l'examen et au-dessus des diplômes; je

ne me contentais plus de forger ma pensée en la forme
voulue, pour donner à la question banale la réponse commandée, je voulais travailler à mon tour, par moi-même,
agir, et je me disais : Il faut être quelqu'un comme ces
hommes-là.

Vous l'avez ressenti, et vous en avez conclu, — c'est là
votre supériorité et ce qui vous a fait notre directeur, —
qu'il y avait, — au moins pour cette partie de l'éducation
nationale qui concerne la vie publique, le bon exercice des
droits du citoyen, le sain emploi de la liberté et le bon service de l'État, — il y avait une sorte de révolution à faire
dans l'enseignement, et que le vrai professeur dans l'École
que vous rêviez d'instituer serait celui qui, ayant commencé
par apprendre et pratiquer par lui-même les choses de la
vie, apprendrait ensuite à les enseigner à autrui.

Vous avez cherché ces professeurs-là ; vous en avez
trouvé d'illustres qui vous donnaient plus que leur concours,
leur exemple : tel notre cher et tant regretté Léon Say qui,
remontant la route consacrée, se faisait professeur de politique après avoir été homme d'État : il était, en l'une et
l'autre tâche, un maître pour les maîtres.

Vous en aviez, vous en avez encore autour de vous, collaborateurs précieux, patrons et garants de notre École
naissante, qui nous arrivaient avec le prestige des grandes
chaires magistrales du Collège de France, de l'École de
Droit, de la Sorbonne, mettant la tradition au service d'une
science renouvelée par l'originalité des vues et du talent.
Mais pour les autres, les jeunes de ce temps-là, les inconnus, vous aviez à leur apprendre leur art, — car cet art,
s'il exige la vocation, a ses méthodes et ses exercices, et il
obéit à la règle commune des arts, où l'excellence n'appartient qu'à ceux qui y apportent l'expression réfléchie mais
personnelle, spontanée, de la nature vivante, de la réalité.

Quel conseiller vous avez été pour ces professeurs improvisés, prévenant, insinuant, encourageant surtout, ne corrigeant qu'avec des délicatesses infinies, et préoccupé, non d'établir votre supériorité et de faire prévaloir votre système, mais d'amener doucement chacun à se révéler à soi-même et à tirer de soi-même toutes ses ressources.

Vous nous avez ainsi pénétrés de ce souffle qui est l'âme de cette École. Sans rien sacrifier de l'exactitude minutieuse dans l'exposé des faits, de la critique exigeante des documents et des idées, de l'exposition précise, de l'enchaînement rigoureux, nous avons reconnu, avec vous, que cette part de l'enseignement n'en est cependant que le corps; il y a un esprit qui l'anime, qui le mène, et c'est l'essence même de la méthode. Dans tout commerce d'âmes, depuis celui du cœur, l'amitié, où tout est confiance, jusqu'à celui des assemblées, des foules, où tout est entraînement, ce qui ne s'exprime pas avec des paroles est toujours ce qui porte le plus. C'est ce qu'on appelle l'influence : elle a son secret, et c'est peut-être le dernier mot de l'enseignement. C'est la communication mystérieuse entre le professeur et l'élève, l'appel réciproque des intelligences, l'impulsion continue d'une idée-maîtresse qui domine toutes les parties d'un cours et s'imprime, de toutes parts, dans l'esprit de l'élève, parce qu'elle est toujours présente à l'esprit du professeur. Ce sont ces paroles suggestives, et comme nourries de pensées, qui échappent au maître, qu'il n'a pas préparées, qu'il ne retrouvera plus, que l'élève saisit au vol et qui sont pour lui le trait de lumière dont tout le reste est éclairé; c'est la phrase, quelquefois une digression, qui va s'isoler dans la mémoire de l'auditeur, y fermenter pour ainsi dire, et d'où sortira un travail original, — que dis-je? une carrière.

Ainsi le vent emporte les semences; elles germent où le

vent les porte; mais il n'est de graines fécondes que du tronc robuste et de la branche saine.

Nous ne sommes pas les jardiniers d'une exposition de fleurs. Notre objet n'est pas de distribuer des diplômes et de peupler de nos diplômés les bureaux des administrations. Il est plus haut : il est de répandre, dans le pays, des hommes, des citoyens. Et il ne suffit pas pour cela de dérouler devant les jeunes gens les expériences du passé, d'en tirer les leçons et le conseil, d'y dégager l'accidentel et le permanent, de façon que, dans la confusion des affaires présentes, l'œil s'habitue à discerner ce qui passe, et qu'il faut négliger, de ce qui demeure, et sur quoi seul on fonde.

Nous aurions fait, en vérité, peu de chose, si nous avions simplement adapté aux examens administratifs les procédés célèbres de la grande industrie pédagogique qui pousse chaque été, vers les salles d'examen, des flots de plus en plus serrés de candidats de plus en plus bourrés de formules. L'examen n'est que le premier chapitre, le vestibule : c'est en vue du lendemain que nous travaillons. Notre enseignement ne donnera sa mesure et ne portera ses fruits que plus tard, quand nos élèves, jetés aux affaires, n'ayant plus à répondre à des questions, mais à résoudre des questions, forcés de juger par eux-mêmes et de décider, devront trouver dans leur mémoire les notions, dans leur esprit les ressources, dans leur caractère le ressort qui font l'homme d'action. Nous ne pratiquons pas la culture intensive, la culture de laboratoire ou de ferme modèle ; nous préparons, à la bonne terre de France, des cultivateurs qui travaillent au dehors, résolument, sous le ciel incertain, et que ne déconcertent ni les sautes de vent, ni les tempêtes.

Comprendre et savoir est beaucoup. Vouloir est davantage, et c'est le degré supérieur de toute éducation politique, la condition sans laquelle le reste est inutile. Veut-on encore, en France? Oh! sans doute, on veut arriver, tout le monde, partout, très vite, par tous les moyens, non à la fois, ce qui est impossible, mais au moins, en se pressant, se chassant, se culbutant les uns les autres. Arriver, pourquoi? Pour être là, rien de plus, la plupart du temps. De ceux qui se poussent ainsi, sans autre valeur et sans autre dessein, le présent s'en soucie trop, la postérité s'en vengera et ne s'en souciera pas. Le flux de la mer apporte à chaque marée, sur la grève, des coquilles et des algues; le reflux les y laisse, elles s'y dessèchent, et il n'en reste qu'un peu de sable dont les enfants ensuite construisent leurs forteresses.

Le vrai vouloir, le grand vouloir humain, celui sans lequel il n'y a ni peuples forts, ni peuples prospères, ni peuples gouvernables, ni hommes de gouvernement, ne connaît point cet égoïsme et cette âpreté. C'est à celui-là qu'il faut s'exercer.

Après avoir appris à connaître le bien de son pays, il faut apprendre à vouloir ce bien et à y contribuer. Le corps social n'est point un être ayant une vie propre, indépendante de la vie des hommes qui le composent; il ne vit que par le concours des volontés individuelles. C'est pourquoi la science politique est une branche des sciences morales et se confond souvent avec la science des bonnes mœurs.

C'est la grandeur de l'homme, mais aussi sa responsabilité lourde, d'être condamné à vouloir son propre bien.

Rien ne peut le dispenser de cet effort. Toute défaillance de la volonté n'est pas seulement coupable, chez l'individu, elle est funeste à tout le peuple. J'aperçois de ce côté le principal péril de demain et, par suite, pour nous, le principal devoir d'aujourd'hui.

La science est une lumière. Qu'importe qu'elle éclaire mon chemin, si je n'y veux pas marcher? Qu'importe que les lois me donnent la liberté d'action, si je ne veux pas agir? Je n'aurais à m'en prendre de ma propre défaillance ni à une science que je n'aurais point su comprendre, ni à une liberté dont je n'aurais point su profiter. Et si, lassé de mon inertie, désespéré de moi-même, je me fais de mon infirmité une sorte de loi de salut public et me réfugie, comme on dit, dans le principe d'autorité, c'est-à-dire que, de ma volonté débile, j'en appelle aveuglément à la volonté d'un autre homme, je n'échapperai point encore, par cet expédient, à ma condition humaine, car ce qu'on appelle autorité n'est, en soi, qu'un mot vide; il n'est rien et ne peut rien. Il n'y a d'autorité efficace que celle que crée la volonté commune et que soutient cette volonté. L'autre, celle qui procède de l'abdication de tous n'est qu'un fantôme, un épouvantail, une armure qui sonne creux quand on la touche, qui chancelle, se disloque et s'écroule quand on la frappe.

S'il y a une science politique, j'oserais dire que c'en est le principal précepte, et pour revenir à vous, mon cher directeur, c'est ce que vous avez appris à enseigner dans les commencements critiques de cette École, ce que nous devons continuer d'enseigner encore dans les jours heureux, car la vie sociale n'est qu'une alerte continuelle et le sommeil y porte la mort. Si donc nous avons fait quelque chose, nous l'avons fait par là, et si, après nous, un jour, dans la France apaisée, forte et prospère, donnant au monde de beaux exemples de liberté et de justice, continuant de peupler la terre de chefs-d'œuvre, quelque historien des temps difficiles cherche la trace des bons ouvriers qui, sans jamais désespérer de l'intelligence et du cœur de la jeunesse française, ont obscurément, modestement, creusé le sillon et ensemencé le champ, il trouvera une médaille commémorative de cette journée, il y lira votre nom et il personnifiera en vous toute cette École; nous aurons ainsi notre part collective dans l'honneur qui vous sera rendu; mais vous aurez la première, la plus belle, et ce sera justice.

DISCOURS DE M. D. ZOLLA

Monsieur le Directeur,

Au lendemain de nos grands désastres, vous êtes de ceux qui ont espéré, et vous avez pensé à l'avenir en vous adressant à la jeunesse. Pour que notre pays fut plus fort, il fallait que cette jeunesse fut plus éclairée. La puissance d'un nation ne dépend pas seulement du développement de son industrie, de la fécondité de son sol, de l'incessante activité de tous ses citoyens, des institutions mêmes qu'elle s'est données; cette puissance dépend également de ce que j'ose appeler de son vrai nom, de l'aristocratie intellectuelle, des lumières qu'elle possède et surtout de l'esprit qui l'anime.

En dehors et à côté des carrières industrielles et commerciales si honorables et si fécondes qu'elles soient, il en est d'autres qui s'ouvrent devant les hommes jeunes, au début de la vie, quand ils cherchent leur voie. Nos administrations publiques, nos grands conseils, nos assemblées politiques elles-mêmes, ont des cadres qu'il faut remplir. Chaque jour, l'irrésistible action du temps y fait des vides qui doivent être comblés. Est-il indifférent que les hommes choisis pour succéder à ceux qui disparaissent aient reçu une forte et haute culture intellectuelle? Est-il indifférent que chaque génération nouvelle ait plus de lumières et surtout qu'indépendamment des connaissances mêmes qu'elle peut avoir acquises, un esprit plus sincère et plus élevé de tolérance et de liberté la guide et l'inspire?

Cette question étant posée, vous l'avez résolue. A côté

des grandes écoles de lettres, de sciences, de droit, il y
avait place pour un enseignement nouveau, celui des sciences économiques et politiques, que doivent étudier les administrateurs, les hommes d'État, les diplomates et tous
ceux qui sont appelés à exercer dans leur vie une action sur
les affaires publiques. Cet enseignement devait être assez pro-
fond pour instruire, assez varié pour séduire, assez impartial
et élevé pour qu'on ne pût jamais voir dans ses tendances se
révéler l'esprit d'un parti.

Cette place laissée libre dans l'enseignement supérieur,
vous l'avez marquée, vous l'avez prise et vous l'avez gardée
non seulement avec tant d'autorité mais encore avec tant de
succès que l'on ne sait s'il faut admirer davantage la grande
pensée qui vous a inspiré, ou le tact et la science d'organisa-
tion qui vous ont permis de fonder l'École libre des sciences
politiques, d'en étendre l'influence et d'en faire grandir le
nom.

Ceux qui ont eu le bonheur d'entrer dans cette École sa-
vent avec quelle bonté vous les avez accueillis, avec quelle
sollicitude éclairée vous les avez suivis dans leurs études et
leur carrière, avec quelle expérience consommée des be-
soins de l'enseignement et de ses formes diverses, vous avez
multiplié pour chacun les occasions d'apprendre et surtout
celles de réfléchir et de penser.

Ce ne sont pas, en effet, des élèves que vous avez cherché à préparer pour telle ou telle carrière; ce sont des
intelligences que vous avez voulu développer par un travail libre, spontané et fécond.

Depuis un quart de siècle vous vous êtes dévoué à cette
tâche, et vous allez en poursuivre l'accomplissement.

Vos élèves et vos anciens élèves ont tenu à profiter
d'une occasion pour vous marquer leur estime et vous
parler de leur reconnaissance et de leur affection.

Nous fêtons aujourd'hui le 25ᵉ anniversaire de la fondation de cette École qui est votre œuvre. Elle ajoute à la grandeur intellectuelle de notre pays et nous sommes fiers de lui appartenir.

Il eût manqué quelque chose à notre joie si nous n'avions pu vous offrir un souvenir durable de notre gratitude. L'incomparable talent d'un grand artiste nous a rendu cette tâche facile. M. Roty a bien voulu se charger de graver une médaille qui rappellera la date de cette fête en y associant votre nom.

Tous ceux qui vous entourent aujourd'hui, nos maîtres à qui nous devons tant, vos amis, les élèves qui se pressent ici, les absents que le plus fidèle et respectueux souvenir rattache encore à vous, tous se sont unis pour vous l'offrir. Ainsi associés, ces témoignages d'affection vous paraîtront sans doute plus précieux, et notre plus cher désir se trouvera réalisé.

DISCOURS DE M. BOUTMY

Messieurs, mes chers amis,

J'éprouve une émotion et un trouble que vous comprendrez sans peine et je ne sais si je trouverai la force de parler. Mais une impression pénible se mêlerait pour moi au souvenir de ce beau jour, si je n'avais au moins essayé de vous remercier. Je suis profondément touché de l'hommage qui vient d'être rendu à notre École. Je suis profondément reconnaissant de cette médaille commémorative dont vous m'offrez le premier exemplaire. Je suis seulement confus que mon humble effigie serve de revers à l'admirable face où l'artiste a représenté cette figure de la Patrie que je ne puis voir hélas! qu'à travers un nuage, mais que je sais, que je sens si belle. Elle dépose une palme sur la chaire de cette École, « née d'une espérance indomptée au sein d'un grand deuil national, nourrice d'hommes et de citoyens ». Quel symbole pourrait mieux rendre la pensée douloureuse et virile d'où est issue l'École, l'œuvre qu'elle s'est proposé d'accomplir? C'est une faveur, certes, bien que cruelle, qu'elle soit née en 1871, dans les angoisses de l'année terrible; elle a recueilli, elle n'a eu qu'à conserver pieusement cette ardeur de bonne volonté et de désintéressement, cette flamme d'espérance et de foi, cette perspective toujours ouverte sur le relèvement de la Patrie qui ont alors rempli toutes les âmes. Merci au merveilleux artiste qui nous a rendu ces pensées présentes; il a donné à l'École la plus sûre des immortalités d'ici-bas, l'immortalité du bronze et du grand art.

Je remercie mes chers collègues et amis, MM. Aucoc, Sorel et Zolla, des paroles si nobles et si touchantes qu'ils ont prononcées au nom du Conseil d'administration, du Conseil de perfectionnement, des professeurs et des élèves de l'École.

Les Conseils d'administration et de perfectionnement! Comment assez dire ce que l'École a dû à leur expérience, à leurs lumières, à leur tact, et surtout à ce sentiment que dans une entreprise comme la nôtre il faut savoir mettre au jeu, que la prudence est d'oser beaucoup, d'oser toujours?

Le corps enseignant de l'École! Il a été pour moi comme un continuel miracle. J'ai été le témoin étonné, bien plutôt que l'agent, de la mystérieuse attraction qui a mis en mouvement, sur les points les plus éloignés de l'espace, des esprits éminents, les a fait graviter les uns vers les autres et vers l'idée patriotique dont ils devaient être les serviteurs, a fait arriver juste à temps l'homme spécialement capable pour chaque chaire à pourvoir. Et quelle chaleur d'âme, quel dévouement à leur tâche et à leurs élèves! Ç'a été ma force et ma joie de sentir cette élite de nobles intelligences se serrer affectueusement autour de moi. Le corps enseignant est l'honneur de l'École; il est l'École elle-même et c'est à lui surtout que doivent aller les justes hommages de la jeunesse qu'il a formée.

Vous aussi, jeunes gens, vous nous êtes bien chers, et il m'est doux de penser que vous vous associez aux sentiments que vient d'exprimer M. Zolla. On me dit que les vingt-cinq promotions, ou peu s'en faut, sont représentées ici, soit par des personnes, soit par des lettres de reconnaissant et chaleureux souvenir. A côté de l'enthousiasme des nouveaux pour leurs maîtres et pour leurs cours, rien ne peut toucher plus sûrement nos cœurs, à mes collaborateurs et à moi, que le sentiment de piété fidèle qui nous ramène les anciens, de bien loin parfois, dans le temps et dans l'espace. C'est notre meilleure récompense.

Il y a quelqu'un dont on a ici singulièrement agrandi le rôle et qui vous demande la permission de récuser des juges trop bienveillants. Il n'y a que lui, en effet qui sache exactement sa part d'auteur dans le noble ouvrage que vous signez de son nom, et cette part n'est pas celle que vous supposez.

L'esprit humain aime à simplifier et à personnifier, sans doute pour rendre plus claire et plus portative, et aussi plus vivante, l'idée qu'il garde des choses : il attribue en entier à la prévoyance et à l'esprit de combinaison ce qui est en partie le don des circonstances; il fait honneur à un seul de ce qui est le résultat de l'effort combiné de plusieurs. C'est ce qui se passe ici pour l'École.

Vous vous rappelez le livre célèbre dont les premiers alinéas commencent tous par ces mots : « De mon père, de mon grand-père, de Fronton, » etc., et chaque fois l'auteur note une leçon qu'il a recueillie, une vérité qu'on lui a enseignée. Je pourrais faire une liste bien plus longue qui ne serait pas encore complète. Indépendamment de nos deux Conseils et du Corps des professeurs dont l'action a été si considérable et si manifeste, que de personnes il y a, dans cette assemblée même, qui ont servi efficacement l'École, par un avis donné à propos, une observation suggestive, un chaleureux encouragement aux heures de défaillance. Mon nom, croyezmoi, n'est que la raison sociale d'une œuvre collective. Je ne puis accepter vos louanges que pour les transmettre et les distribuer plus justement. Je reçois pour les autres et je réponds pour tous.

Maintenant que j'ai ramené mon rôle à sa juste mesure

et restitué à l'École son caractère d'œuvre collective, je me sens plus à l'aise pour dire à mon tour ce que j'en pense et pour la louer simplement et sincèrement. Aux heures de mélancolie où l'on a particulièrement présentes l'infirmité et la fragilité des œuvres humaines, je me suis parfois demandé ce qui resterait de notre commun effort si l'École venait à disparaître, ce qui nous serait compté par l'équitable histoire. Il m'a semblé que nous pouvions envisager, sans trop de crainte, ce compte final, ce bilan posthume d'une activité qui a déjà duré plus d'un quart de siècle.

Je voudrais indiquer d'un mot les trois choses neuves et utiles, — je le crois du moins, — que l'École a réussi à faire et qui garderont sa mémoire.

Elle a institué, en vingt-cinq ans, elle a commencé à classer et ordonner scientifiquement près de trente-cinq cours, qui représentent, avec une ampleur déjà satisfaisante, la riche encyclopédie des sciences politiques.

Elle a donné l'histoire pour cadre à la plupart de ses cours; elle les a tous imprégnés de l'esprit psychologique et historique, qui ne fait qu'un en cette ordre d'études, avec l'esprit scientifique.

Elle a ainsi échappé aux fins étroitement utilitaires qui sont la tentation et le danger des Écoles spéciales. Elle a cependant fait une part à la pratique, mais moins en créant des enseignements préparatoires ou professionnels, — il n'y en a presque point à l'École, — qu'en appelant dans ses chaires des praticiens supérieurs, des hommes formés, comme l'a dit M. Sorel, par le maniement des affaires, capables d'apporter, dans des enseignements qui restent élevés et spéculatifs ce je ne sais quoi que donne la connaissance d'une foule de faits particuliers, cette impression de vie, cette saveur de réalité, auxquelles rien ne supplée.

Enfin, — et en cela elle a eu le bénéfice de son caractère d'institution libre, située en dehors du Forum, — elle a pu écarter les considérations toujours si vaines de l'orthodoxie politique, elle a été dispensée d'exiger de ses futurs maîtres des diplômes et des grades ; elle a pu aller prendre partout où il se trouvait et accepter sur des gages de son choix, l'homme de chaque sujet, et son champ de sélection n'a eu d'autre frontière que celle de l'honorabilité, du talent et de la compétence.

C'est là, ce me semble, que nous avons le mieux réussi, et s'il y a une pensée où je me complais avec une particulière faiblesse, c'est celle de tout ce qui a été ajouté par nous aux forces enseignantes de la nation. Avoir donné Sorel à l'histoire, Paul Leroy-Beaulieu à la science des finances ; avoir fait des professeurs d'hommes destinés apparemment à ne jamais l'être : un Léon Say — notre cher et regretté Léon Say — un Ribot, un Francis Charmes, un Alix, un de Foville, un Stourm, un Anatole Leroy-Beaulieu, un Vandal, un Dietz, un André Lebon, un Dunoyer, un Silvestre, etc., je ne nomme pas ceux qui avaient déjà leur chaire ailleurs ou qui étaient officiellement qualifiés pour en occuper une ; — leur avoir révélé l'incomparable talent, et souvent la vocation d'enseigner qui dormait en eux ignorée ; les avoir désignés par l'excellence même de leurs cours, au choix de l'État et des grandes corporations enseignantes qui nous ont fait l'honneur de nous en prendre plusieurs ; avoir suscité un grand nombre de beaux livres devenus classiques, dont le *Traité des finances*, de Leroy-Beaulieu et *l'Europe et la Révolution française* de Sorel ont été les deux premiers et mémorables exemplaires ; avoir fait profiter notre jeunesse, par l'action sans égale de la parole vivante, de tous les dons naturels, de toute l'expérience acquise, de toute la science accumulée de ces hommes supérieurs ; leur avoir donné accès par une sorte

de libre agrégation, dans le haut enseignement national,
n'est-ce pas assez pour que nous puissions dire avec justice
que l'École n'aura pas vécu en vain et que les efforts généreux
des deux cents souscripteurs qui l'ont fondée, des cent autres
personnes, professeurs éminents, administrateurs avisés,
conseillers judicieux — qui l'ont fait marcher depuis vingt-
cinq ans, n'ont pas été stériles !

TYPOGRAPHIE FIRMIN-DIDOT ET Cⁱᵉ. — MESNIL (EURE).